김태범 시집

도깨비들의 착각

김태범 시집

도깨비들의 착각

순수

◆ 시인의 말

첫 시집이다.
칠십 년을 살아오기까지 나를 반추해 보는 작은 궤적이 된다면 바랄 것이 없겠다.

시작이 반이라는데…
나이 들어가면서 휙휙 날아가는 세월 앞에서는 '시작이 반' 이라는 말은 반가운 말이라기보다는 어쩌면 서글픈 말일 수도 있겠다.

시작(始作)이 아닌 시작(詩作)이라는 말로 위로를 삼아 본다.
그래도 반(半)까지는 훨씬 미치지 못해서 첫 시집이 두렵다.

사람들은 아직도 착각하고 있다.
온 누리가 자기들의 것이라고…
누리기만 하고 베풀지는 못하는 비생태적 인간들

의 착각에 작은 울림이 되기를 소망한다.

   고락을 함께한 집사람과 효도하면서 예쁘게 사는 아들 며느리, 딸 사위와
동시집처럼 잘 커가는 손주들에게 고마움을 전한다.

   끝으로 애써 주신 순수문학사 박영하 주간님을 비롯한 여러분들에게 감사의 인사를 드린다.

2022년 산수유 꽃피는 어느 날
井河 김태범

| 목차 |

◆ 시인의 말 · 10
◆ 해설/정연수 · 136

1부 섬의 독백

나팔꽃의 속삭임 · 21
행운목 꽃 피다 · 22
그래도 봄은 온다 · 24
민들레 · 25
나리꽃 · 26
카오스와 코스모스 · 28
사과나무 · 30
매미 · 31
가을비 · 32
사랑꽃 · 33
꽃향유 · 34
벌초 · 35
다람쥐의 건망증 · 36
천리향 · 38
도깨비들의 착각 · 39
섬의 독백 · 40

2부 일장춘몽

꽃샘추위 · 43
봄 · 44
봄이 오는 계곡 · 45
게으름 · 46
입춘 추위 · 48
그렇게 봄날은 간다 · 49
쑥 · 50
윤사월 · 52
7월 · 53
처서(處暑) · 54
가을 오는 날 · 55
가을에는 · 56
11월 · 57
겨울나무 · 58
겨울나무의 기다림 · 59
일장춘몽(一場春夢) · 60

3부 엄마의 연기

쓰러진 나무 · 65
엄마의 연기(煙氣) · 66
철부지 놀이 · 68
성황당 · 70
버찌 · 72
계수나무 · 73
조팝꽃 · 74
아버지 · 76
태일아! 미안하다 · 78
밤비의 애상(哀想) · 80
복자의 나무 · 82
짱 · 84
꿈 · 85
해후 · 86
손주 읽기 · 87
당신의 고집 · 88

4부 밤의 수묵화

해갈 • 93
왕의 남자 • 94
초안산 일출 • 96
도심의 눈[雪] • 98
아파트 아이들 • 99
밤의 수묵화 • 100
달빛 사랑 • 101
작모삼천지교(鵲母三遷之敎) • 102
유기견(遺棄犬) • 103
바람꽃 • 104
묘지가 살아났다 • 106
경자년 끝에 서서 • 108
달빛 • 110
아침이 오는 풍경 • 111
달님 야곡(夜曲) • 112
도둑눈 • 113

5부 닭들의 연극

세월 · 117
밤눈 · 118
계단목 · 120
먼 친척 · 121
홀로 살기 · 122
닭들의 연극 · 124
중생(衆生) · 125
함께 · 126
눈[雪] · 127
세상은 · 128
슬픈 성숙 · 129
어처구니 · 1 · 130
어처구니 · 2 · 131
아카시아꽃 · 132
팬데믹 · 133
어느 죽음에 대하여 · 134

1부

섬의 독백

나팔꽃의 속삭임

한여름 땡볕이 두려워
처마 밑 창가에
울타리 콩을 심었다

싹트고 줄기 올라오자
줄기 타고 오를 길
창가 처마 밑까지
꼼꼼하게 만들어 주었다

줄기는 제 갈 길 아니라고
한사코 옆으로만 뻗는다
줄기를 묶어도 보았지만
몸 사래로 창 옆 울타리로만 간다

울타리 먼저 차지한
아침 나팔꽃이 활짝 웃으며
나에게 속삭인다

길은 스스로 만들어 가는 것이라고

행운목 꽃 피다

밤이 자란다
눈 뜨면 부쩍 커 버리는
행운목 하나
볼품 없이 키만 커서
망나니 칼춤 추려다가
혹시나 하는 바램으로
생각만 재고 있었다

행운을 만나고 싶은
무수한 시간의 기다림
어느 날 갑자기 눈에 띈
행운목의 헛구역질
잉태의 징후
의자 위에 살며시 올라
정수리를 보았다
행운이 잉태되고 있었다

그저 저 살던대로
질서를 지켜
꽃대를 품었을 뿐인데
행운이 온다고 호들갑떨며

거실로 옮겨 놓았다
꽃대는 솟아났는데
몇 날 며칠이 지나도
행운의 꽃은 피질 않는다
성급한 조바심이 부른
혹독한 몸살에
행운이 시들어 떨어진다

안타까움 비워 가는데
불현듯 등을 두드리는
아련한 향기
의아스러워 고개 돌리니
화사한 향기로 우뚝 선
행운의 여인

행운목 꽃이 피어난다

그래도 봄은 온다

세상이 멈춰 버린 봄날
홀로 텃밭으로 나와
부지런히 이랑 들이고
포근하게 비닐 씌워
한 알 한 알 옥수수 심었다

사월의 찬바람은
자꾸만 봄날을 희롱하지만
이랑 속 한여름의 꿈은
하루가 다르게 어둠을 뚫는다

바람의 심술에 애태우며
몇 날 잠을 설치다가
기어이 어둠을 박차고
말끔하게 눈을 뜬
새 아침의 환희를 본다

코로나로
빼앗긴 봄날이지만
그래도 봄은 온다

민들레

어디에서 왔을까
겨우내 무뎌진 뜨락에는
어디서 어떻게 왔는지도 모르는
어린 풀들이 여기저기 고개 드는
생명의 시간들이 흐르고 있다

눈길이 머무는 자리 대신
거칠고 구석진 틈새에서
힘들게 뿌리내려
이기와 욕심으로
기름진 자리만 탐내는 세상을 향해
산고의 아픔 참아 내며
홀씨를 날려 보낸다

자신을 드러내지 않는
은둔의 사랑이
은일의 미덕이
뜨락 외진 곳에서
남 모르게 피어나고 있다

나리꽃

무더위에 지쳐
숲을 찾은 나에게
햇살도 들지 않는 으슥한 곳에서
몰래 핀 외로운 꽃 한 송이가
나를 반겨 줍니다

하늘하늘 가녀린 몸매로
언뜻언뜻 다가오는 수줍은 미소는
땀 흘려 걷는 숲길에서 만나는
삽상한 바람의 요정 같은 꽃입니다

아주 먼 옛날부터
외딴곳에서만 홀로 피어
세상과 가까이하지 않는
은둔의 모습으로 살아온 이름
백합(百合)이 아닌 나리꽃입니다

화려한 꽃으로 생존 비밀 숨기고
잎겨드랑이 밑 씨눈을 몰래 흩뿌려
이 땅에서 끈질기게 뿌리내린
우리를 닮은 끈기의 꽃입니다

내가 지금 걷고 있는 숲길은
나리꽃 활짝 핀 겨레의 꽃길입니다

카오스와 코스모스

카오스의 밤이다
퍼붓는 빗줄기와
울부짖는 어둠의 우뢰 소리
혼돈의 밤이다
밤의 안락을 시샘하듯
어둠이 마구 요동친다
비 오는 밤의 낭만이
그칠 줄 모르고 퍼붓는 비에
근심으로 내리더니 이제는
무서운 공포로 흐른다
캄캄한 어둠 속에서
비가 비를 낳는 것처럼
쏟아붓는 밤비의 광란은
그 무엇이든 집어삼키려고
더욱 거센 기세로 내린다
여기저기 할퀴고 간 자리마다
비린내가 널브러져 있다
이 밤이 끝날 것 같지가 않다

끝날 것 같지 않던 혼돈의 밤
밤비의 광란이 휩쓸고 간

폐허의 잔해 속에
여린 몸 일으켜 노을빛으로
다소곳 피어난 참나리 한 쌍이
생명의 아침을 연다
보이는 것들이 들리고
들리는 것들이 보이는 새 날이다
광란의 상처는 채 아물지 않았지만
하늘이 보이고 땅이 있다
바람이 흐르고 햇빛이 내린다
삽상한 향내가 난다
코스모스가 활짝 피었다

사과나무

산울림 뻐꾸기 노래
시골집 한낮의 쉼표

이태 전 심은 어린 사과나무가
어른 키만큼 자랐는데
벌 나비 못 보는 청맹과니로
봄도 보내고 이제는
푸른 여름을 나고 있다

사랑이 그리운 사과나무
잘잘잘 흔들리는 잎새에
휴식의 눈길이 멈췄다
개구쟁이 참새 떼의 습격일까
삼단 머리 향기 날리며 찾아온
감미로운 바람의 유혹일까

내년에는 뜰 앞 사과나무가
청맹과니 신세를 면하려나

매미

가장 뜨거워야 할 8월은
가장 열렬히 사랑해야 하는 시간
기나긴 인고의 세월을 견뎠으니
이제 가장 뜨거운 8월만 보내면 되는데
가장 크게 사랑의 노래만 부르면 되는데
유난히도 긴 장마는
뜨거워야 할 8월을 삼키고
사랑의 노래조차 빗물에 쓸려 보냈다
긴 장마 잠시 한눈판 틈새로
간간이 비추는 햇살에
설레임으로 부르는 저 노래는
8월의 끝자락에 마지막으로 부르는
사랑의 몸부림

가을비

지루했던 긴긴 장마
온 세상 비에 잠겨
모두가 익사할 뻔했던
지난 여름

이 가을에 생뚱맞게 그립다

비 같은 비도 없이
흙먼지만 폴폴 날리는 낙엽길
살길 찾던 지렁이의
마른 주검 나뒹굴고
물들어가는 단풍 숲 부럽지 않다고
길섶에 꿋꿋이 핀 보랏빛 꽃향유는
길 먼지에 익사한다

도둑비는 아니어도
먼지잼이라도 내려주시면
단풍 속 감춰진
낮은 생명들의 목마른 삶을
조금은 적셔 줄 수 있을 텐데

사랑꽃

봄도 아닌데
소슬바람 제법 노는데
골짜기마다 가을이 깊어 가는데

가을보다 봄을 더 좋아하는
내 마음 어찌 알고
이 가을에
봄이 피었을꼬

낙엽 지고 휑하게 바람 든 숲
소슬바람 잠시 숨 고르는 틈에
빛 바랜 양지 녘 길섶에서
노오란 개나리꽃 피어났다

봄을 그리워하는
나를 위해
소슬바람 부는 가을에
머잖아 찾아올
춘삼월 호시절 다 버리고
개나리꽃이 피었다

오늘은 진달래도 꽃망울이 맺혔다

꽃향유

가을에는
단풍이 꽃이라지만
단풍보다 더 예쁜 꽃이 있다

낙엽 쌓이는 길섶에
보랏빛 맵시로
가을을 유혹하는 향기
지천으로 물드는 단풍에도
기죽지 않고 당차게 피는 꽃

찬바람이 몰고 온 그리움에
가을 길 하염없이 외로워져도
지난날은 묻어 두고
외로움은 함께하자며
귓속말로 위로해 주는 그대

그대는 가을꽃
이름은 꽃향유

벌초

구절초 향기 흩날릴 때면
예초기에 잘리는 풀들의 죽음으로
깊은 골 영면의 쉼터는
말끔하게 단장하고 살아난다

죽어서 살리는
거룩한 사랑

다람쥐의 건망증

용케 찾았나 보다
삭풍에 눈발이 흩날리는데
배고픈 다람쥐 한 마리
마른 숲에서 낙엽 더미 뒤적이더니
꼼지락 오물오물 맛있게 먹는다
용케 찾은 도토리 한 알로
주린 배를 채우고 있다

툭 투둑 가을이 떨어질 때
이리저리 신나게 뛰어다니며
겨울 땀을 미리 흘린다
여기저기 열심히 곳간을 감춘다
자신만 아는 숨바꼭질이지만
다람쥐는 욕심이 없어서
건망증이 심하다

건망증에 버려진 곳간이지만
누군가의 배고픔을 채워 주고
따뜻한 봄날에는 새싹으로 돋아
숲을 더욱 울창하게 되돌려 준다

숲은 다람쥐의 건망증으로 울창하다
다람쥐의 건망증은 자비다

천리향

천 리 밖까지 퍼져
극락으로 유혹한다는 향기
그 향기 너무 궁금해서
질 화분에 심어 곁에 두었다

옥잠화 무성할 때 초라한 모습
서늘바람에 생기 찾아
설익은 파란 향기 몽우리 돋아났다
긴긴날 파란 꿈만 꾸며 애태우더니
꿈결에서 갓 깨어난 발그레한 얼굴로
많은 날을 또 숨죽여 기다리게 한다

그리움 매운 계절에 지쳐가던 어느 날
밤 하늘 유성우 몰래 내리더니
밤사이 활짝 핀 꽃이 되어
환한 아침 햇살로 내게 왔다

반가워서 나도 모르게
코끝 인사를 어색하게 나눈다
순간 사무친 그리움이 향기에 실려
천 리 밖 극락으로
훨훨 날아가고 있었다

도깨비들의 착각

애당초 그곳엔 길이 없었다
나무들 오순도순 살아가는데
도깨비들이 나무를 마구 베어내서
나무들의 땅은 그만 길이 되었다

길은 도깨비들이 차지했지만
길은 아직도 나무들의 고향이다
겨우 살아남은 그루터기들은
땅 속 깊이 뿌리내리고
모진 발길에 차이고 짓밟혀도
고향을 지키며 길에서 버티고 있다

어쩌다 도깨비들이
그루터기 뿌리에 걸려 나동그라지면
나무 베어 길 낸 어리석음은 모르고
터전 지키는 그루터기 때문이라고
주객(主客)도 잊은 채 파내고 잘라내고
뿔난 도깨비들이 어쭙잖게 주인 행세다

도깨비들은 나무들의 세상을
잠시 빌려 쓰고 있을 뿐
언제나 길의 주인은 오롯이 나무들이다

섬의 독백

애당초 사람은 없었다

육지가 척박하다고

사람이 들어와 살았다

육지가 기름지다고

사람은 떠났고

다시 무인도가 되었다

다시는 사람이 살지 않았으면 좋겠다

2부

일장춘몽

꽃샘추위

겨드랑 살포시 파고드는
봄바람이
시샘하는 동장군
칼바람에 놀라
저편 어두운 숲 속으로 숨어
숨죽이며
맴돌고 있네

성큼 앞서 간 내 마음에
봄바람이 그만
길을 잃었네

봄

눈보라 추운 겨울 이겨 낸
나뭇가지 끝엔
꿈이 달려 있다

노랑 분홍 꿈들이
이름 모를 산새의
노랫소리 들으며
봄을 기다리고 있다

겨우내 캄캄한 밤 견디며
병마와 싸운 이들이
봄 햇살 피어나는
정겨운 능선을
지팡이 의지하며
힘겹게 오르고 있다

꿈 몽우리 터지고
신록이 우거지면
지팡이 떨쳐 내고
능선 오를 날을 꿈꾸면서

봄이 오는 계곡

아직도 시린 계곡은
하얀 솜이불 덮고
길게 누워 있다

어느 새
겨울잠 깨우는 물 소리가
계곡을 적시며
솜이불 차고 나와
샛바람과 입맞춤한다

질세라
움트는 연둣빛 꿈들이
가지마다 부풀어 허공을 채우고
양지 녘 생강나무는
노란 꿈 몽우리를 품었다

놀라 깨어난 돌길은
신열 앓듯 진땀 흘리고
계곡을 오르는 나도
덩달아 신음하며 녹아 내린다

게으름

비 온다는 일기예보에
부랴부랴 아가 손 같은
고구마 순을 흙 속 세상으로
떠밀어 넣었다

야무진 손길로
물도 주고 흙도 덮고
다져주기도 했을 텐데
일기예보만 믿고
게으름을 피웠다

비 온다더니
땡볕만 쏟아졌다
메마른 땅 어둠 속에서
시난고난 몸부림칠
어린 순 생각에 잠도 설친다
호사가 만든 먼 주말 텃밭
일 주일이 여삼추다

땅은 거짓말하지 않는다는 말
차마 믿고 싶지 않은데

일기예보는 믿고 싶었던
게으름이 어린 꿈만 질식시켰다

입춘 추위

겨울잠 자는 참나무 우듬지에
덩그러니 걸터앉은 까치둥지는
한겨울 내내 외통수에 내몰려
삭풍만 숭숭 운다

까치밥조차 없는
차가운 도시의 섬 속에서
까치 가족은
힘겨운 겨울을 견디고 있다

어쩌다
아지랑이 사운사운 기지개켜고
휘영청 달빛 따라 샛바람 불어오면
겨우내 움츠러든 날갯짓
설레임으로 활짝 펴고 날아올라
깍 깍 깍 봄소식 전하지만

어쩌나
입춘이 지나도
동장군 기세는 꺾일 줄 모르니

그렇게 봄날은 간다

인적 드문 외딴 산길에
홀로 핀 생강나무 노란 꽃
아직도 겨울잠에 뒤척이는
숲 속 정령들에게
살며시 봄을 속삭이고

비탈길 양지 녘에 핀
한 떨기 진달래
어쩌다 스치는 처녀 바람에
수줍어 얼굴 붉힌다

설레임으로 가지마다 맺힌
연둣빛 잎 방울들도 손짓하는데

외딴 산길 지나는 길손은
이마에 흐르는 땀만 닦을 뿐
그렇게 봄날은 간다

쑥

봄이 익어 가는
고요한 들녘에서
따사로운 시간에 묻혀
쑥을 뜯는다

쑥뚝 쑥뚝
두렁길 가위질 소리
싸악 삭
아낙네 칼 놀림에
시퍼렇게 질린
봄이 안쓰러워
봄 처녀는 엄지 검지로만
쑥을 뜯는다

하나 뜯어 향에 취하고
또 하나 뜯고 먼 산 바라보면
어느 새 4월의 봄 처녀는
너덜겅같이 멍든 마음 밭에
꽃 빛으로 수를 놓는다

손가락 끝에 짙게 밴 쑥 향은

가는 봄날이 아쉬워
코끝을 맴돈다

윤사월

윤사월 해 긴 날
버찌 익어 떨어진 길 따라
구름 낀 자드락 밭에 가면
어느 새 중천에 뜬 해가
구름 틈 사이로 얼굴 내밀어
게으름핀다고 핀잔이다

부지런한 건넌 밭에는
풀포기 하나 없이
윤사월 긴 긴 햇살 받아
감파랗게 살 오르는
서리태 콩잎들 신바람이 났다

살 오른 건넌 밭 콩잎 부러워
흰 허리 한 번 펴지 못하고
너덜겅 밭에 갇힌 농부는
산 그림자 길어지는 것도 모르는데
땅 놀리면 천벌 받는다는
돌아가신 아버지의 성화가
어스름 녘까지 귓전을 맴돌아
윤사월 긴 하루 저물 줄 모르네

7월

꽃 대신 산딸기 붉게 피어나면
온통 싱그런 푸르름을 토해 내는
7월
한 해의 절반을 뒤돌아보고
살아갈 절반을 그려보는
1월 같은 7월
누군가에게 준
누군가로부터 받은 상처들일랑
푸르디 푸른 저 싱그러움 속에
모두 묻어 버리고
쥐꼬리같이 남은 한 해의 반나절은
함박눈 덮인 1월처럼 하얗게
뜨거운 태양으로 익어가는 7월처럼 푸르게
그렇게 살리라

처서(處暑)

창공을 가르는 굉음 소리
아득히 멀어지더니
뱃심 잃어 가는 매미 소리
그제야 숲에서 들려 옵니다
제법 선선해진 아침이 아까워
풀 깎는 농부의 예초기 소리에 갇혀
해가 중천으로 가는 줄도 모르고
빨간 고추 따는 아낙의 앙가슴 골에는
불볕 땀이 비 오듯 흐릅니다

가을 오는 날

음력 칠월 열나흗날
내 생일 언저리엔
아침저녁 어김없이
여름은 가을을 만난다

땀내 젖은 열대야 매미 소리
깨어질 듯 청랑해지고
서늘바람에 들녘은
오색 꿈으로 설레인다
맑은 햇살 담아
가을 여무는 소리에
늘어져 지친 내 여름날은
주섬주섬 가을을 준비한다

가을 오는 날
가을걷이 일손 걱정에
농부의 시름은 깊어가지만
조석(朝夕) 서늘바람으로
일할 맛이 저절로 나겠다

가을에는

눈부신 가을 햇살에
곱게 물든 나뭇잎 모아
좋아하는 시집 책갈피에 끼워
숙성시킵니다

생각이 머무는 어느 가을날에는
숙성된 나뭇잎 찾아
이 책 저 책 뒤적이다가
나도 모르게 시향(詩香)에 취해
나의 하루도 취합니다

취기가 거나해지면
창공을 나는 새처럼
눈부신 가을 길을 걸으며
가을날에 또 취합니다

그래도 이 가을에는
책갈피 속에서
곱게 숙성되는 나뭇잎처럼
나의 시가 하루하루 익어가기를
간절히 소망해 봅니다

11월

욕망이 사라진 들녘에는
버려진 욕망의 껍데기만
황량하게 나뒹굴고 있습니다

어둠 뚫고 움트는 경이(驚異)
파랑새 키워 가는 설레임
익어 가는 것에 대한 외경(畏敬)
이 모든 것들이 지워진
11월의 들녘은
차갑게 허공을 가르는
텅 빈 바람만 흐르고
기울어가는 산 그림자 곁으로
가녀린 저녁놀이 숨을 몰아쉽니다

11월의 소슬바람은
너른 대지를 파고들고
남은 바람은
겨울이 두려운 살갗을 파고듭니다

이제는 말없이 떠나려는
그대와의 작별을
차분히 준비해야 할 때가 되었나 봅니다

겨울나무

젊은 아가씨
S라인 몸매 드러내듯
나무도 옷을 벗었다
나목이 되었다

아무도 보는 이 없어
하얀 밍크 코트를 입었다
예쁘다며 굳이 발길질이다

이 추운 겨울
삭풍은 어찌 견디라고

겨울나무의 기다림

곱다고 싱그럽다고 예쁘다고
온갖 말 잔치로 야단법석이더니
앙상한 가지만 붙잡고
볼품없이 허공만 차지하자
망각의 나무가 되었다

쉽게 끓고 식는 사람 살이
탓할 겨를도 없이
나무는 갈바람에
비우고 버리는 일이 한창이다
저무는 한 해를 마무리하고
살아갈 한 해를 위해서

겨울나무는
동지섣달 찬바람 눈보라에도
흔들리지 않고
텅 빈 겨울 산을 지키며
귀를 기울이고 서 있다
머잖아 들려올
요한스트라우스의
봄의 왈츠를 듣기 위해서

일장춘몽(一場春夢)

봄을 재촉하던 비
밤새 변덕이 났는지
봄은 다시 하얗게 겨울이다

반갑게 피어나는 철 이른 봄꽃보다
온 세상 뒤덮은 때늦은 봄눈이 아쉬워
뒷산에 올라 겨울의 끝을 걷는다

처녀 바람에 잔뜩 바람난 겨울나무는
무거운 눈짐 짊어지고 진땀을 뺀다
꽃눈 솟아난 자리에는 눈꽃이 먼저 새치기하고
물 오른 가지마다 때아닌 솜이불이 널렸다
눈꽃 터널 지나며 겨울에 흠뻑 취해 보니
봄 속 겨울의 역습이 눈부시다

거스를 수 없는 계절 나들이에
눈부신 겨울의 역습은 찰나
봄눈은 속절없이 추락하고
눈꽃들 머물 새도 없이 눈물진다
나무들은 허상의 옷을 마구 벗어 던진다

봄이 오는 길목에서
한바탕 눈 꿈을 꾸었나 보다

3부

엄마의 연기

쓰러진 나무

아버지 귀천하신 숲 속 길가에
초라한 밑동만 드러낸 채
쓰러져 누운 나무가 있다

하늘만 향해
보란 듯 뻗어 나가고
뽐내듯 무성한 잎들을
뿌리 없이 지켜 내기가
얼마나 버거웠을까
비바람 눈보라는
또 어찌 견뎠을까

힘겨운 삶에 병든 육신은
추스를 새도 없이 쓰러졌지만
새로 돋는 여린 생명에게는
뿌리 깊게 살라고
스스로를 발효시키고 있다

엄마의 연기(煙氣)

문 밖 나서면
감자밭, 콩밭
질경이, 망초대, 명아주 길섶 지나
철둑길 건너면
종자 뜰 논밭 길
방아네 빨래터 웅덩이 스쳐 지나면
향긋한 샘물 냄새
고들 붕어 물길 따라
한내 둑길 오르면
물총새 종달새
한가로이 먹이 찾는
백사장 물길

고무신 옆구리 차고
첨벙첨벙 쫓던
피라미, 불거지, 모래무지는
내 고무신 한 짝을 삼켜 버렸다

어머니의 꾸지람 생각에
나는 집 뒤 굴뚝에 숨어 버렸다
저녁 짓는

엄마의 매큼한 연기
지금도 코끝을 맴돌며
눈시울이 젖는다

철부지 놀이

어둠이 내리자
기다렸다는 듯 집 안에 집을 짓는다
방 안에 방을 만든다

형들은 나더러 무너뜨릴 기둥을 잡으라 하고
촛불도 밝힌다
침묵의 그림들이 바쁘게 오간다
아무것도 모르는 난 철없는 구경꾼이지만
짊어진 짐은 형들보다 더 무겁다
귀를 세워 아버지의 인기척을 들어야 하고
촛불도 꺼야 하며
기둥도 무너뜨려야 한다
막중한 임무가 밤새도록 고달프다
그래도 임무 많은 내가 대견스러워
그렇게 몇 날 하얀 밤을 보았다

아침이 오면
졸음 구렁에 빠져 버린 나는
늦었다는 재우침에
십 리 길 학교 가는 발걸음은
형이 내민 기다란 지팡이 잡고

끌려가는 눈먼 장님이 된다

까마득한 날
철부지 놀이에 눈멀어
지팡이 잡던 야속한 원망은
흐르는 세월에 삭아
형들과 함께 나도 늙어 간다

성황당

성황당 있던 마을

장마 때는 미꾸라지가
하늘에서 떨어졌다
밤송이 벙그레 웃을 때면
타작마당 낟가리 키가 자라고
도리깨질 땀에 곳간을 채운다
하얀 밤 눈길 밟으면
초가지붕 처마 밑 참새들의 수난
신작로 길가 아름드리 노송들은
마지못해 길손을 허락하고
동네 아이들은 산소 구르며
빌고 떠난 어머니의 성황당을 훔친다

지금은
타작마당도 초가지붕도 노송들도 없고
미꾸라지와 참새와 아이들도 사라졌다
소원 빌던 어머니마저 떠난 성황당에는
더 이상 훔칠 것 없는
낯선 빈 집터만 있을 뿐

옛날이 텅 빈 마을에는
성황당 이름만 겨우 남아 있지만
그 이름 불러 줄 사람들은
하나 둘씩 성황당을 떠난다

버찌

6월이면
밤꽃 내음 진동하는
버찌 따러 가는 길은 눈이 부셨다
무수천 물길 따라
함께 오르던 신록의 벗들은
어느 새 그리움이 되었다

벚나무에서 떨어지면
뺀다는 두려움도
허기진 달콤함으로 잊고
입마다 벚물 들어
마주 보며 깔깔대고
씨까지 오도독 깨물면
입안 가득 버찌 향 그립지만
세월의 무게로
벚나무 아래 망설이다가
입맛만 다시고 돌아서는데

6월의 느린 햇살은
바쁘게 산을 넘는다

계수나무

이른 아침부터
교문 앞에 쪼그려 앉아
매일 달고나 파는 할머니
새까만 국자는 할머니의 고달픈 마술
앞다투어 모여 앉은 아이들은
마술의 달콤함에 빠져
학교 앞에서
그만 길을 잃었다

반백 년이 훌쩍 지나
뒷산 둘레길에서
날마다 할머니의 슬픈 마술을 만난다
할머니의 새까만 마술 국자
이제는 커다란 나무가 되어
앞뒤 마당 모두 내어주고
달달한 향기로 길을 열고 있다

계수나무 한 그루!

조팝꽃

아침마다 오르는
조팝나무 우거진 숲길은
4월이 되면
하얀 구름 사이로 열려 있다

깨질 듯 투명한 하늘 저편에
티끌로 서러운 새털구름이
조팝나무 숲길에
하얀 꽃으로 피었나 보다

할머니 하늘 가신 날
보릿고개 언덕에서
소복 입고 서럽게 우시던 어머니는
어느 해 4월
조팝꽃 흐드러진 길 따라
피죽새 전설로 홀연히 날아가셨다

아침마다 내가 오르는
하얀 조팝꽃 흐드러진 길
서러운 어머니의 길이다

4월이 되면
눈 감아도
자꾸만 보이는 어머니

아버지

이른 아침
출근길 만원 버스를 타야만
고달픈 삶이
평화시장으로 배달된다
어깨 위에 얹혀진 짐을
버스는 내동댕이치지만
살아야만 하기에 아버지는
목숨을 걸었다

늦은밤까지
여기 저기 시달리다가
모두가 숨어 버린 시간에
지친 아버지는
텅 빈 만원 버스에 다시 실려
실신하듯 집에 오셨다

어쩌다
약주 한 잔 거나하시면
뼛속 깊이 묶어 둔
응어리 하나 풀어 내어
잠든 내 곁에서

넋두리하며 눈물 흘리셨다

나는 자는 척하며
아버지의 눈물을 훔쳤다

*태일아! 미안하다

꽃피는 봄날
너를 보내고
가슴 미어지는 안타까움에
여기저기 피는 꽃들이 서럽구나

아직은 어머니 아버지 곁으로
가야 할 때가 아닌데
너보다 훨씬 오래 산 형들도 있는데
어머니 아버지께서는
착하고 여린 네가 이역 땅 고생을
더 이상 지켜볼 수가 없으셨나보구나

그토록 힘들었는데
우리가 너무도 무심했구나
형들이 너무도 몰랐구나
태일아 정말로 미안하다
너의 싸늘함 앞에서
이렇게 아파만 할 수밖에 없어서
너무나 미안하구나

이제는

이승의 온갖 시름 다 버리고
친구인 듯 너의 사랑으로 잘 성장한
두 아들 걱정도 잊고
어머니 아버지의 너른 품 안에서
이루지 못한 소망 마음껏 이루면서
편히 쉬거라
태일아!

*이 시집 원고 교정 중 중국에서 급성 심근경색으로 갑자기 세상을 떠난
육 남매 형제 중 다섯 번째 남동생(60년생)의 이름

밤비의 애상(哀想)

이렇게 밤비가 하염없이 내리고
낙숫물 소리에 실려
기적 소리 아스라이 멀어지면
아물지 못한 아픈 상처로
밤이 뒤척인다

그날 밤에도 비가 내렸다
적막한 간이역 플랫홈
이별이 아파서
젖은 눈 서로 바라만 볼 뿐
말을 잃었다
낡은 양철 지붕 할퀴는
아픈 빗소리에 갇혀
기적 소리도 듣지 못했다
빗줄기 신고 달려온 기차는
간이역인데도 매정하게 이별 열차가 되어
못다 한 말 한 마디 기적 소리에 실어
허공으로 허공으로 묻어 버렸다

그렇게 이별 실은 밤 열차는
눈물로 더 거세진 빗줄기 헤치고

기약 없이 기약 없이
멀어져 갔다

복자의 나무

아직도 숲은 감파란 세상인데
청명한 가을 햇살 한 모금에
저 혼자 빨개진 얼굴 부끄러워
다소곳이 고개 숙인 복자기나무

그날도 아이들은
숨바꼭질 놀이에 신이 났다
나는 술래의 눈에서 도망쳐
타작마당 낟가리 뒤에 숨었다
복자도 먼저 와서 숨어 있었다
알 수 없는 서먹한 적막이 흐르고
거친 숨소리 잦아들자
술래가 찾는다
복자네 초가지붕에 걸터앉은
누렁 박도 숨을 죽인다
술래에게 들켰다
설레임까지 들킨 것처럼
화들짝 놀란 복자의 얼굴은
한 뼘만큼 짧아진 가을 햇살에 익은 듯
바알갛게 물이 들었다

머잖아
숲 세상 가을물 흠뻑 들면
복자기나무도 수줍음이 무뎌질 텐데
그 옛날 바알갛게 물들었던
그리운 복자 얼굴
이 가을 깊어지면
나의 그리움도 무뎌질 수 있을까

짱

발자국 소리만 듣고도
꼬리치는 반려에
하루의 무게가 녹는다

잠시 풀어진 시간을 박차고
풀 내 암내 좇아 유람하다가
어스름 녘 겸연쩍어
어슬렁 찾아 들면
까만 가슴을 쓸어 내렸다

20여 년 함께한
세월이 버거운지
볼 수도 들리지도 않는데
정신마저 놓아 버리고
울 안 빙빙 돌며
머리로 매일 밤을 찧고 있다

밤을 찧는 저 소리
내 밤도 찢겨지고 있다

*짱:20여 년 같이 산 반려견의(치와와) 이름

꿈

사방이 훤히 트인 곳
드넓은 바다가 보이는 곳
갈매기만 사는 섬 마루에 서면
온몸에 날개 돋아
푸른 바다와 파아란 하늘 사이를
갈매기처럼 날고 싶다
시원한 바람도 마음껏 마시고
끼륵 끼르륵 목청껏 울어도 보고
몇 올 남지 않은 머리카락까지 휘날리며
원 없이 날고 싶다
그러다가 지치면
어머니 품속 같은 아늑한 나의 본향
그런 곳에서
쉬고 싶다

해후

어머니 아버지께 가시는 날
조팝나무꽃 흐드러진 고갯길로
꽃상여 울며 넘는데
까치 한 마리 숨가쁘게 따라오네

생과 사의 이별 어언 삼십 년
살아 겪는 이별 아니어서
지척에 있어도 한없이 멀어서
그리움만으로 지샌 생사의 삼십 년

오늘 생사 이별 끝나는 날
아버지는 한 마리 까치 되어
어머니를 맞는다
삼십 년 그리움도 참았는데
동구 밖 더딘 이승 상여길 삼십 분에
조바심난 아버지는
깍 깍 깍 마중까지 나오셨네

어머니 꽃상여길 따르며
유별나게 울어대던 까치 한 마리
나는 오늘 어머니 아버지께 보내 드리며
삼십 년 만에 아버지를 뵈었네

손주 읽기

후다닥 발자국 소리에 복도가 놀랜다
왁자지껄 딩동 현관문 열리더니
동시집 두 권이 뛰어들어온다

한 날 한 시에 태어났는데
생김새도 색깔도 너무 달라
때론 맞춰가기 힘들기도 하지만
이름 바꿔 부를 리 없고
척 보면 안다
시시비비 가리다가도 금방 친구가 되고
티격태격하다가도 핏줄은 선명하다
사치스러운 혼자의 외로움도 모른다

세월의 주름은 깊어져도
동시집 읽어가는 재미가 쏠쏠하다

지칠 새도 없이 지내온 할매 할배는
서산마루 노을빛에 물들어 가면서도
동시집 두 권 읽는 재미에
하루하루 설레이며 살고 있다

당신의 고집

스물다섯에 청상(靑孀)이라니
보릿고개 수없이 넘어야 하는데
철렁 가슴에 박힌 사 남매 자식들
슬픔보다 공포였다

귀가 얇으면 자식들 지킬 수 없다
얼굴 두꺼워야 사 남매를 키울 수 있다
몰라도 아는 척 없어도 있는 척
나를 버려야 한다
당신이 자식을 지키는 비결 고집이다
당신의 고집으로 새끼들은 사람 되었고
온갖 세파도 고집 하나로 건너왔다
당신이 미수(米壽)쯤일 때도
오로지 고집이었다

미수를 지나 세월이 자꾸 무거워져도
요양원엔 안 가신다고 못 가신다고 싫다고
그 평생의 고집으로 버티셨는데
당신 물기운 갑자기 말라 가면서
그 고집 꺾으시느라 얼마나 힘드셨을까

망백(望百) 고개 바라보시다가
휠체어에 앉아 승합차에 오르는 당신
평생 고집이 무너지는 당신
청상으로 육십 년이 훨씬 지난 오늘은
슬픔일까 공포일까

4부
밤의 수묵화

해갈

비다!

유난히도 짧았던 장마
무심하게 가버리더니
달포를 목마름으로
견뎌야 했다

한 세기(世紀) 만의 폭염에
봄 한 철 흘린 땀이 마르고
꿈이 타들어 간다
설레임도 시들고
나도 사위어 간다

연일 비껴만 가는
소나기조차 야속하더니

아! 비가 온다

왕의 남자

구중 깊은 곳
왕의 남자들은
임을 위해
살아 죽고
죽어 산다

사적 440호
내시네 산에는
한결같이 하나같이
죽어 사는 집마저도
구중만 바라보고 있다

애끓는 사랑의 울부짖음을
혀로 입막음한
흥청망청 임은
지척 행목 아래서
무릎 눈물 짓는다

죽어 살지언정
왕의 남자들은
오늘도

서산 노을 바라보며
하염없이
사랑가를 부른다

초안산 일출

어둑새벽
능선길 오르면

아직 잠 덜 깬
저편 어두운 숲 속에
지난밤 요정들 향연의
타다 남은 잔불처럼
보일 듯 말 듯
까아만 불씨가 있다

불씨는
어스름 새벽을 밀어내는
가쁜 숨들을 만나
어둠을 사르며
타오른다

야단났다 싶어
허겁지겁 산 끝에 오르니
아차산 붉은 함성 사이로
온달의 뜨거운 심장 같은
시뻘건 불덩어리가

빌딩 숲 파고 들며
도시의 곤한 잠을 깨운다

도심의 눈[雪]

하얀 눈발이 검은 아스팔트 위로 흩날리고
질주하는 차들에 치어 비명횡사 하듯
주검으로 검게 흐른다

순백의 자취는 간데없고
도심의 혼탁한 바람에
갈피 잃고 힘없이 스러지는
저 순수가 안쓰럽다

도심 밖 엄마의 대지에는
온전히 자신을 드러내며
순수의 빛으로 세상을 채우고
생명 품은 자궁 속 양수가 되는데

도심 바람에 휩쓸리는 눈발은
유혹하는 거친 기계음 앞에
순수를 지켜 낼 옹이마저 없이
떨어지는 대로 검은 눈물 되어
길가 어두운 하수구로 빨려 들어가고 있다

마지못해 받쳐 쓴 우산
팔꿈치가 아리다

아파트 아이들

보안관만 깨우는 종소리
바람에 날려 흩어지다가
침묵의 교실 속으로 빨려든다

한낮이 되어서야
일제히 풀려난 아이들 함성은
이내 침묵으로 잦아들고
힘없는 발길들은 아파트 숲으로
뿔뿔이 흩어진다

바퀴 멘 가방 속 창살에 갇혀서
간간이 비추는 틈새 햇살로
겨우겨우 버티다가
풀려난 땅거미 함성으로
지쳐만 간다

집에 오면
곶감보다 더 무서운
층간 소음에
꽁꽁 묶여 버린 채
하루하루가 저문다

밤의 수묵화

시골 작은 집
텃밭 속 휴식인데
종일 지친 몸은
검붉은 노을빛에야
간신히 풀려난다

길게 누운 어스름 산 그림자 너머
도심 하늘은 술렁대는 대낮
가끔씩 질주하는 굉음 소리가
밤의 정적을 할퀴고 사라진다

밤하늘 쏟아지는 별빛
교태 섞인 소쩍새 울음
텃밭 지새우는 풀벌레 소리
남새들의 푸른 숨소리

밤이 그려내는 수묵화에
스멀스멀 깃털 돋는 곤한 몸은
꿈의 정수리로 날아간다

달빛 사랑

그믐으로 사위어 가는 하현달은
나뭇가지에 걸터앉아
까치 가족의 밤을 밝히고 있다
작침(鵲沈) 찾아 떠도는 까치 아빠는
온밤을 헤매는데
아빠 없는 둥지는
을씨년스런 밤으로 깊어만 간다
눈까지 내릴 것 같아
맘 졸이는 하현달은
제 갈 길도 잊고
나뭇가지에 마냥 눌러앉아
동이 틀 때까지
까치네 가족을 지키고 있다

작모삼천지교(鵲母三遷之敎)

학교가 훤히 내려다보이는
산비탈 참나무 우듬지에
덩그러니 자리 잡은
까치집 하나
몇 번을 옮겨
이곳에 둥지를 틀었을까

*작(鵲):까치 작

유기견(遺棄犬)

오늘도 있다
보름이 지나도 그 자리에 있다

초안산 나들길
산등성이에는
애절한 눈빛으로 발길을 잡는
하바나 실크 독 한 마리가 있다

오가는 사람들을 따라가며
잠시 냄새를 맡고는
이내 그 자리로 되돌아온다
목줄 풀고 가 버린
주인의 익숙한 체취를 찾을 때까지
자리를 떠나지 않으려나 보다

가슴 줄 차고 산책 나선
꽃단장 반려견이 부러워
먼 곳까지 따라가다가는
다시 빈 자리를 지키고 있다

오늘은 없다

바람꽃

빨랫줄 늘어진 토요일 오후
바람에 날리는 빨래만 보면
바람 만난 빨래처럼
소년은 펄럭였다

꽃샘바람 맞고 피어나는
바람꽃 한 송이
우물가에도 피고 하늘에도 피었다
어둑한 저편 부엌에도 피고
빡빡머리 소년의 가슴에도 피었다

땀에 젖은 아버지의 시간을
병든 엄마 대신
빨랫줄에 널어 말리려고
교복 하얀 카라로 피어나는
바람꽃 한 송이
하루만 피었다가 지고 마는
이상한 바람꽃
그렇게 소년에게 불어 온 바람은
바람처럼 사라질 줄 몰랐다

지금도
빨랫줄에 널린 빨래만 보면
하얀 바람꽃 한 송이가
다시 피어난다

묘지가 살아났다

평생 그늘에서
수발 시중으로 살다가
죽어서도 그리움 어쩌지 못해
무덤마저도 등질 수가 없었다
사적 440호 내시네 산 묘지들

그렇게 단심으로 지킨
삶과 죽음의 시공(時空)
무겁게 뒤덮은 덤불 숲에 눌려
숨조차 쉴 수 없는 어둠과
을씨년스런 무관심의 공포 속에서
지내야만 했던 묘지들

날 끝에 잘린 풀들의 죽음으로
그들이 살아났다
여기저기 이곳저곳에서
바람 흐르고 숨 쉬는 소리 들린다
햇살 비춰 생기가 피어 오른다
둘레길 길손에게도
여기 있다고 손을 흔든다

구절초 진한 향기 흩뿌리는 날
묘지가 살아났다

*경자년 끝에 서서

산타도 발길 멈춘
성탄절 즈음
허전한 공원길에는
빛 바랜 나무들 사이로
산수유 붉은 알알이 발길을 잡는다

흔하게 볼 수 없었던
귀한 산수유 붉은 열매
칼바람 불어오는 한겨울에도
텅 빈 가지에 매달려
서로 부둥켜안고 떨고 있다

시(詩) *성탄제의
붉은 산수유 열매를 잊지 못하는
서러운 서른 살 아버지의 아버지는
공원 이곳 저곳에 버려진
아버지의 사랑이 안타깝기만하다

하늘은 잔뜩 눈을 머금고
눈길 머무는 곳마다
붉은 산수유 열매가 지천인데

그 옛날 눈길 헤치고 따온
아버지의 붉은 산수유 열매만
자꾸 눈앞을 아른거린다

매섭게 저무는 경자년 겨울
산타도 올 수 없는데
버려진 붉은 산수유 열매가
세상을 더욱 춥게 한다

*경자년(庚子年):2020년 코로나 19가 세계적으로 유행하던 해
*성탄제(聖誕祭):고 김종길 시인의 첫시집(1969)의 표제이자 대표작

달빛

달빛 하얗게 쏟아지면
그리움 하나
어찌할 수 없어
달빛 길 따라 그리움 달래 보지만
시린 달빛 하도 서러워
그리움 더욱 깊어지네

아침이 오는 풍경

동짓달 아침은 귀로 열린다
더딘 발걸음 어둑서니에 쭈뼛거리고
바스락 낙엽 밟는 소리 흩어지더니
어둠은 살며시 산 그림자를 풀어 놓는다
어슴새벽이 수락에서 아차까지
능선 따라 수묵화 한 폭 그려내고
이내 능선 위로 연분홍 물감 섞어
수묵 담채로 몸을 바꾼다
동짓달 마른 풀 삽상한 내음에
발걸음도 매운바람을 차는데
해 뜨는 동녘 하늘길은
온통 붉은 물감 풀어 그린 진채화다
그림 속에서 솟아난 시뻘건 아침 하나
산 아래 잠든 잿빛 도시 구석구석을
환하게 깨우고 다닌다

달님 야곡(夜曲)

동장군 칼부림에
어둑서니도 꽁꽁 얼었다
서녘 하늘 끝엔 밤새워 어둠 건너온
지친 달님이 아직도 어둑새벽을 지키고 있다

지난밤
어두운 밤길 환하게 밝혀 주고
외롭고 무서운 길 길동무 되고
칼바람 추위도 포근하게 감싸며
눈코뜰새없이 밤을 지켜 온 달님

꽁꽁 얼었던 어둠이 열린다
동녘 비취빛 하늘 밑으로
붉은 기운이 일렁이면서
서녘 하늘 끝 지친 달님에게
밤새 고생했다며 쉬라고 인사한다

머잖아 해님 솟아
따뜻한 햇살 쏟아내면
달님은 하얀 잠옷 입고
파아란 이불 덮고 곤한 몸을 뉘겠지

도둑눈

이제나 저제나
기다리다 지쳐서
잠시 한눈팔았더니
어느 틈엔가 살며시 내려
온통 세상이 하얀 설레임이다

몰래 와서
가슴 뛰게 했던
젊은 날 바람꽃 같은
도둑눈

5부

닭들의 연극

세월

팥죽 먹을 때면
휘이익 허공을 가르며
날아가는 새가 있다
쏜살 같은 세월보다 빠른
눈 깜빡할 새다

밤눈

어릴 적
고왔던 사촌 누님이
흰머리 성성한 채
멀리서 기별도 없이 오셨다

지난밤
그 누님이 오셨던 것처럼
하얀 눈이 내렸다

캄캄한 밤
아무도 모르게
내리는 눈
저 홀로 소리 없이
내리는 눈
하루하루 지친 넋을
뉘어야 하는 고달픔이
눈치채지 못하게 하려고
그렇게
밤눈이 내렸다

천근 눈꺼풀 무게가 버겁지만

밤눈이 숨죽여 그린
하얀 세상을
뽀드득 뽀드득
심장소리 들으며
설레이는 첫새벽을 연다

계단목

둘레길 어디엔가에는
'뭉크의 절규'를 빼닮은
계단목이 있다

언제인가
잘리고 찍히고 깎이는
아픔을 겪고
눈 비바람 속에서
버거운 시간을 삭이며
오르내리는 수많은 사람들의
모진 발길을 받아 냈다

세월 흘러
눈물로 굳어진 고목은
그렇게 절규하는 계단목이 되었지만
흘린 눈물 감추며 기꺼이
둘레길 버팀목으로
다시 살고 있다

먼 친척

스무 해 전
딸내미 첫 월급날
강아지 한 마리
안고 왔다

엄마 아빠에겐 풀빵 한 봉지
고놈에겐 산해진미
고놈 때문에
자식이 먼 친척인 것을 알았다

요새는
먼 친척보다 더 먼 친척이
매일 초인종을 누른다

홀로 살기

집사람 3박 5일 여행 때는
밥 한 번 지어먹고 설거지 두 번 하고
낯설게 사 먹고 바쁜 딸이 챙겨줘서
빈 자리 몰랐다

9박 12일 긴 여행이 미안한지
곰국 미역국 끓이고 김 재고 김치 담그고
밑반찬까지 챙겨 놓고
'마누라 없이 홀로 살기 연습, 유럽행 비행기 탑승'
문자만 띄었다

밥 짓고 설거지하고
쌍둥이 손주 방과후 뒷바라지도
'모든 것은 나 홀로' 라는 양양한 다짐은
사흘만에
바람에 떨어져 구겨진 현수막이 되었다

아직은 낯설기만 한 홀로 살기
설거지에 손목 시리고
짝 없는 적막함에 마음도 시리다

나의 홀로 살기 연습이
집사람 없는 홀로 살기란 엉뚱한 생각에
철렁 가슴이 내려앉는다

닭들의 연극

햇볕 등진
한 평 남짓 닭장 안에는
예닐곱 마리 닭들이
어두운 감방 안 죄수들처럼
옹기종기 모여 있다

양지 녘 한 켠에는
검은 수탉 한 마리가
좁은 닭장을 탈출한 듯
자유롭게 먹이를 쪼며
활보한다

닭장 안 닭들은
탈출한 검은 수탉이 부러운 듯
날갯짓 아우성이다

막이 내렸다
탐욕의 서열 싸움으로
무너진 닭장 안 평화를 위해
검은 수탉 한 마리를 추방했다는
에필로그

닭들의 명연기에 나는 속았다

중생(衆生)

비우라고 버리라고
그래야 한다고

비우면 비워질 듯
버리면 버려질 듯
하지만
눈앞에 신호등 불빛조차도
비우고 버리지 못한다

비우려고 버리려고
애쓰지 말고
비울 때 비우고
버릴 때 버릴 줄 아는
저 나무처럼만 살고 싶다

함께

오늘도 이른 아침에
뒷산을 오른다
아내와 함께

푸른 숲 사이로
맑은 하늘 길게 마시며
가쁜 숨으로 능선을 오른다
잠에서 깨어난 숲의 정령들도
아침 햇살 따라 함께 걷는다

솔숲 향기 사이를 지나
팥배나무 숲길 오르며
붉게 익어가는 팥배를 만난다
땀 흘리며 아침 산 오르는
아내와 나도 함께 익어 간다

나는 오늘도
아내와 함께
아침 산을 오를 수 있어서
또 하루가 기껍다

눈[雪]

도봉산 천축사는
만장봉 차가운 아침 햇살로
눈[眼]을 뜬다

어둠을 곱게 갠
젊은 스님은
겨울 가뭄에 갈증난 빗자루로
아직도 가을만 쓸고 있다

작년 그리고 재 재작년
온 세상 가득 하얗게 어김없이 오셔서
천축사 오르내리는 중생들
눈 덮인 길 헤매지 않도록
쓸고 치우고 몸수행 시키시더니

아무래도 올겨울에는
젊은 스님 마음 수행 더 하라고
다녀가시지 않을 듯싶다

세상은

이제 겨우
기둥 잡고 일어나
걸음마 하려는데
세상은
걷고 뛰라 한다
심지어
나무에 오르라 하더니
이제는
나무를 흔들어 대며
내려오라고 한다

슬픈 성숙

까마득한 날부터
오면 가고
가면 오는
계절의 순환

그 나무 다시 싹이 돋고
그 나무 또 푸르르고
그 나무 다시 가을이 머문 뒤
삭풍 한설 또 보내면
그 나무에 다시 움이 튼다

지난 봄 지노귀굿으로 보낸 임
저 나무 움트듯 다시 올 것만 같아
뒷산 잠든 곁에서
봄 한철 내내 기다렸는디

이제는 알 것 같아
다시 올 수 없는 것이
있다는 것을

그래서
봄은 슬프게 익는다

어처구니 · 1

나

너

우리

그리고
모든 것이

소중하다는 것을
몰랐었습니다

이젠
알았습니다
　·
　·
　·
　·

코로나 19 때문에

어처구니 · 2

이렇게 먼 곳까지 보일 줄 몰랐습니다
이토록 맑은 하늘이 없었습니다
세상이 깨끗해졌습니다
너무나 좋습니다

하지만
가슴이 먹먹합니다
우리는 만날 수가 없습니다
일상이 엉망이 되어 버렸습니다
세상이 기약도 없이 멈춰 버렸습니다

그래서
세상이 깨끗해졌습니다
코로나 19 때문에

정말로
어처구니가 없습니다

아카시아꽃

누구나 기다리면서 살까

기다림이 지쳐갈 때
살며시 다가온 그대
오월의 숲길에서 만난다
추억이 짙게 물든
그대의 향기와 순결에
부정맥 가슴으로
오월이 다시 설레인다

지난밤
짙게 익어가는 오월을 시샘하는
장맛비 같은 비에
절정의 그대 향기와 순결은
한순간 서럽게 스러지고
그렇게 다시 온 이별에
나의 오월이 허망하게 시든다

기다림이 무뎌질 때
화려한 오월의 만남은
이별의 또 다른 기다림

누구나 기다리면서 산다

팬데믹

쥐꼬리 같은 하짓날 밤
하품 두어 번에 동이 트고
싱그런 유월의 아침을 맞는다

장미꽃 골골대는 울타리 지나서
바쁘게 여름으로 가는 숲길 들어서면
울창한 숲 틈새로 쏟아지는
여기저기 환한 볕뉘
무릉도원으로 가는 구원의 빛살 같은
그 햇살들 사이에는
샘물 같은 숲의 호흡이
모락모락 피어 오르고
감파란 나무들 반가워 얼싸안고
산새들 거침없는 노랫소리와
숲 정령들의 신바람 수다가 있다

나는 봄을 잃어버리고
여름마저 빼앗길 것 같아서
저 숲에 그냥 머무르고 싶다
숲에서 마냥 살고 싶다

어느 죽음에 대하여

고개 숙인 사내가 길을 나선다
달콤할 땐 몰랐던 쓰디쓴 침
뱉지도 못하고 차마 삼켜야만 했던
짧고 긴 시간 사이
사내는 주검이 되었다
가슴 뛰던 순간도
땀 흘려 살아온 날도
차곡차곡 쌓아 온 세월도
모두가 주검이 되었다

주검이
잘못된 것을
죽음으로 용서받기 위해서라면
누구나 죽듯이 한 번만 죽는 것이다
주검이
잘못된 것을
감추기 위해서라면
정말 그렇다면 천 번을 죽는 것이다
천 번을 죽어도 용서는 받을 수 없다
죽음으로 지금까지 지켜 온
수많은 전설들을 더럽히는 것이다

더구나
잘못된 것을
죽음으로 덮어주고 미화까지 한다면
살아 있는 사람들은 숨쉴 수가 없다
진실이 살 수 없다

◆ 해설

생태학적 감성으로 풀어쓴 식물의 시학 사전

정연수
(시인, 문학박사)

　김태범 시인의 시에는 긍정성의 철학이 가득하다. "길은 스스로 만들어 가는 것"(「나팔꽃의 속삭임」)이라는 개척정신이라든가, "그래도 봄은 온다"(「그래도 봄은 온다」)는 낙천성은 긍정심리학의 가능성을 열어간다. 김태범 시인이 지닌 긍정성의 철학은 식물성을 바탕으로 하고 있다. "행운이 잉태되고 있었다/(중략)/행운목 꽃이 피어난다"(「행운목 꽃 피다」)라든가 "눈보라 추운 겨울 이겨 낸/나뭇가지 끝엔/꿈이 달려 있다"(「봄」)에서 볼 수 있는 것처럼 '행운목'이나 '나뭇가지' 등 식물적 어휘가 핵심을 이룬다.
　김태범 시인은 식물의 문법으로 시를 기술한다. 식물을 통해 우리 삶의 존재 양태를 드러내고, 식물에 빗대어 우리 사회의 현실을 반영한다. 식물에 투사한 시인의 의식은 시간의 문맥 속에서 화려하게 부활한다. 지나간 시간을 망각하는 행위가 망명의 태도라면, 김태범 시인은 오히려 지나간 시간을 소환하여 부활시킨다. 식물은 삶의 질곡을 넘어선 초월적 존재이자, 시인의 생애와 함께 살아 숨쉬는 진행형의 존재이다. 식물의 질료에 투사한 시를 들여다보자.

> 겨울나무는
> 동지섣달 찬바람 눈보라에도
> 흔들리지 않고
> 텅 빈 겨울 산을 지키며
> 귀를 기울이고 서 있다
> 머잖아 들려올
> 요한 스트라우스의
> 봄의 왈츠를 듣기 위해서
>
> —「겨울나무의 기다림」 부분

이 시는 겨울을 극복하며 봄의 왈츠로 향하는 긍정성을 강조한 작품이다. "동지섣달의 찬바람 눈보라에도/흔들리지 않고" 살아가는 힘은 봄이라는 긍정성의 결과가 있기에 가능하다. "텅 빈 겨울 산"을 지키는 '겨울나무'의 정신은 시인의 긍정성이 빚은 시정신이기도 하다. 한국 최고의 시인이라고 칭송받는 백석 시인은 "쌀랑쌀랑 소리도 나며 눈을 맞을/그 드물다는 굳고 정한 갈매나무"(「남신의주 유동 박시봉방」)를 노래한 바 있다. 백석 시인의 '갈매나무'가 지닌 고매한 정신은 김태범 시인의 '겨울나무'와 일치한다. 갈매나무와 겨울나무가 지향하는 것은 비극적 상황 속에서도 고매한 정신을 지키고,

희망의 긍정성을 지켜나가는 데 있다.

　식물성의 어휘와 생태학적 시세계는 김태범 시인의 시 전편을 관통한다. 이번 시집에서 식물을 다룬 작품은 식물 사전으로 불릴 만큼 풍성하다. 거의 모든 시편에 식물이 등장하는 것은 식물에 천착하는 의도적 창작 자세이기도 하다. 이번 시집은 '시적 감성으로 풀어쓴 식물 사전'이자, '식물의 시학 사전'이란 별칭을 붙여도 좋겠다. 김태범의 식물성에는 시간의 향기가 있고, 삶의 철학이 담겨 있다. "비울 때 비우고/버릴 때 버릴 줄 아는/저 나무처럼만 살고 싶다"(「중생」)는 비움의 철학은 자연의 숙명을 받아들이는 도의 경지이자, 자연과 분리되지 않는 생태주의적 시선이기도 하다. "책갈피 속에서/곱게 숙성되는 나뭇잎처럼"(「가을에는」) 숙성한 식물의 세계를 시화하고 있다.

> 이른 아침부터/교문 앞에 쪼그려 앉아/매일 달고나 파는 할머니/새까만 국자는 할머니의 고달픈 마술/앞다투어 모여 앉은 아이들은/마술의 달콤함에 빠져/학교 앞에서/그만 길을 잃었다//반백 년이 훌쩍 지나/뒷산 둘레길에서/날마다 할머니의 슬픈 마술을 만난다/할머니의 새까만 마술 국자/이제는 커다란 나무가 되어/앞뒤 마당 모두 내어주고/달달한 향기로 길을 열고 있다//계수나무 한 그루!
>
> 　　　　　　　　　　　　　　　　　　－「계수나무」 전문

할머니 하늘 가신 날/보릿고개 언덕에서/소복 입고 서럽게 우시던 어머니는/어느 해 4월/조팝꽃 흐드러진 길 따라/피죽새 전설로 홀연히 날아가셨다//아침마다 내가 오르는/하

야 조팝꽃 흐드러진 길/서러운 어머니의 길이다
―「조팝꽃」 부분

땀에 젖은 아버지의 시간을/병든 엄마 대신/빨랫줄에 널어 말리려고/교복 하얀 카라로 피어나는/바람꽃 한 송이/하루만 피었다가 지고 마는/이상한 바람꽃/그렇게 소년에게 불어 온 바람은/바람처럼 사라질 줄 몰랐다//지금도/빨랫줄에 널린 빨래만 보면/하얀 바람꽃 한 송이가/다시 피어난다
―「바람꽃」 부분

인용한 세 편의 시에 나타나듯 추억을 붙잡고, 삶의 향기를 불러일으키는 매개는 모두 식물이다. 계수나무에서는 달고나를 파는 할머니를, 조팝꽃에서는 어머니를, 바람꽃에서는 화자의 유년을 소환한다. "매일 달고나 파는 할머니/새까만 국자는 할머니의 고달픈 마술"(「계수나무」)을 만나도록 이끄는 매개는 계수나무이다. "달달한 향기로 길을 열고" 계수나무와 할머니의 전설을 만나도록 이끌어 간다.

조팝꽃을 통해서는 "할머니 하늘 가신 날/보릿고개 언덕에서/소복 입고 서럽게 우시던 어머니"를 만난다. 조팝꽃 속에는 할머니와 어머니가 모두 피어 있다. "하얀 조팝꽃 흐드러진 길"이 "서러운 어머니의 길"이라는 재정의는 시인이 만든 서정의 길이다. 김태범 시인에게 있어 조팝나무는 생과 사의 갈림길을 이야기하는 객관적 상관물이다. 또 다른 시 "어머니 아버지께 가시는 날/조팝나무꽃 흐드러진 고갯길로/꽃상여 울며 넘는데"(「해후」)라는 구절에서 보듯 조팝나무꽃은 시인이 부모를 기

억하는 매개이자, 어머니와 아버지가 저승에서 해후하도록 돕는 매개이기도 하다.

바람꽃은 시인의 유년과 가족사를 소환한다. "병든 엄마 대신/빨랫줄에 널어 말리려고/교복 하얀 카라로 피어나는/바람꽃 한 송이"에는 가족사가 함께 담겨 있다. "땀에 젖은 아버지의 시간"이며, "병든 엄마"를 돕는 소년의 "빨랫줄"은 고난의 시간이었으나 '바람꽃'과 만나면서 치유의 시간으로 나아간다.

프루스트는 소설 『잃어버린 시간을 찾아서』에서 홍차에 적신 마들렌 냄새를 통해 유년의 기억을 되살렸다. 그래서 '프루스트 현상'이라고 하면 '특정한 냄새를 통해 무의식 속에 있던 기억이 되살아나는 현상'을 지칭한다. 한편, 철학자 한병철은 자신을 노예로 만드는 피로사회 속의 현대인을 구원하는 대안은 '향기'라고 밝힌 바 있다. 한병철은 『시간의 향기』에서 향기는 시간을 멈추고, 과거를 돌아보면서 사색하는 힘이 있다고 했다. 프루스트와 한병철이 향기를 통해 기억 속으로 여행을 떠난다면, 김태범 시인은 나무나 꽃 같은 식물을 통해 시간의 향기를 만들어낸다.

그날도 아이들은
숨바꼭질 놀이에 신이 났다
나는 술래의 눈에서 도망쳐
타작마당 낟가리 뒤에 숨었다
복자도 먼저 와서 숨어 있었다
알 수 없는 서먹한 적막이 흐르고
거친 숨소리 잦아들자

술래가 찾는다
복자네 초가지붕에 걸터앉은
누렁 박도 숨을 죽인다
술래에게 들켰다
설레임까지 들킨 것처럼
화들짝 놀란 복자의 얼굴은
한 뼘만큼 짧아진 가을 햇살에 익은 듯
바알갛게 물이 들었다

머잖아
숲 세상 가을물 흠뻑 들면
복자기나무도 수줍음이 무뎌질 텐데
그 옛날 바알갛게 물들었던
그리운 복자 얼굴
이 가을 깊어지면
나의 그리움도 무뎌질 수 있을까

─「복자의 나무」 부분

복자기나무는 유년 시절과 연정의 싹을 틔운 순수한 시절로 시간 여행 하도록 이끈다. 복자기나무와 연정을 품은 복자의 이름은 시니피앙(signifiant)의 표현적 측면에서 시적 울림이 크다. 복자기나무는 곧, 복자의 나무가 되어 그리움으로 살아난다. 복자기나무는 풋사랑이 풋풋하던 그리움을 환기하는 매개이자, "수줍음이 무뎌"지지 않도록 순정을 살려내는 객관적 상관물로 작용한다.

애당초 그곳엔 길이 없었다/나무들 오순도순 살아가는데/도깨비들이 나무를 마구 베어내서/나무들의 땅은 그만 길이 되었다//길은 도깨비들이 차지했지만/길은 아직도 나무들의 고향이다/겨우 살아남은 그루터기들은/땅 속 깊이 뿌리내리고/모진 발길에 차이고 짓밟혀도/고향을 지키며 길에서 버티고 있다//(중략)//도깨비들은 나무들의 세상을/잠시 빌려 쓰고 있을 뿐/언제나 길의 주인은 오롯이 나무들이다

-「도깨비들의 착각」부분

식물을 생명이자 시간의 매개로 소중히 다루는 시인은 나무를 마구 베어내는 인간의 문명에 비판을 가한다. 인간이 살아가는 땅의 원주인은 나무라는 의식에서 김태범 시인의 생태주의적 사상이 선명하게 드러난다. 인간은 나무를 베고 길을 만들고 그 자리에서 살아가지만 "길은 아직도 나무들의 고향"이며, "길의 주인은 오롯이 나무들"이라고 일갈한다. "나무들의 땅"을 뺏은 인간을 '도깨비'라고 비판하는 것이다. 생태주의적 시편들을 더 들여다보자.

구절초 향기 흩날릴 때면/예초기에 잘리는 풀들의 죽음으로/깊은 골 영면의 쉼터는/말끔하게 단장하고 살아난다//죽어서 살리는/거룩한 사랑

-「벌초」전문

툭 투둑 가을이 떨어질 때/이리저리 신나게 뛰어다니며/겨울 땀을 미리 흘린다/여기저기 열심히 곳간을 감춘다/자신만 아는 숨바꼭질이지만/다람쥐는 욕심이 없어서/건망증이 심하

다//건망증에 버려진 곳간이지만/누군가의 배고픔을 채워주고/따뜻한 봄날에는 새싹으로 돋아/숲을 더욱 울창하게 되돌려 준다//숲은 다람쥐의 건망증으로 울창하다/다람쥐의 건망증은 자비다

-「다람쥐의 건망증」 부분

아버지 귀천하신 숲 속 길가에/초라한 밑동만 드러낸 채/쓰러져 누운 나무가 있다//하늘만 향해/보란 듯 뻗어 나가고/뽐내듯 무성한 잎들을/뿌리 없이 지켜 내기가/얼마나 버거웠을까/비바람 눈보라는/또 어찌 견뎠을까//힘겨운 삶에 병든 육신은/추스를 새도 없이 쓰러졌지만/새로 돋는 여린 생명에게는/뿌리 깊게 살라고/스스로를 발효시키고 있다

-「쓰러진 나무」 전문

인용한 시 세 편 모두 자신을 희생시켜 타자를 향하는 시선이 담겨 있다. 「벌초」에서는 "예초기에 잘리는 풀들의 죽음"이 "죽어서 살리는/거룩한 사랑"으로 나아간다. 자신을 죽여 타자를 살리는 타자지향의 윤리와 죽어서는 다른 생명체를 이롭게 하는 생태주의의 순환고리가 담겨 있다. 「다람쥐의 건망증」은 겨울 준비를 위해 감춰둔 곳간을 잃어버린 건망증 덕에 숲이 더 울창해진 이야기를 담는다. "다람쥐의 건망증은 자비"라는 시선이 해학적이면서도 생태주의 시선을 반영한다. 「쓰러진 나무」에서는 "스스로를 발효"시켜 생명을 내어주는 나무의 정신을 생태주의적 자연관과 타자를 위해 나를 희생하는 타자윤리학으로 연결한다. 나무라는 자연의 생태주의에만 머물지 않고 삶의 윤리로까지 나아가는 데서 김태범

시인의 고매한 시정신을 엿볼 수 있다. '쓰러진 나무'는 자식을 위한 부모의 희생을 드러내는 것에서 더 나아가 인간 사회의 사랑과 숭고한 희생정신이 지닌 아름다움을 노래한다.

김태범이 재규정한 식물의 정의를 읽는 것은 이 시집을 읽는 또 다른 묘미이다. 전체적으로 정리하여 읽어보자. "줄기는 제 갈 길 아니라고/한사코 옆으로만 뻗는" 콩과 나팔꽃(「나팔꽃의 속삭임」), "이랑 속 한여름의 꿈은/하루가 다르게 어둠을 뚫는다"라는 옥수수(「그래도 봄은 온다」), "화사한 향기로 우뚝 선/행운의 여인"으로 시화한 행운목(「행운목 꽃 피다」), "자신을 드러내지 않는/은둔의 사랑"으로 재정의한 민들레(「민들레」), "사랑이 그리운" 사과나무(「사과나무」), "햇살도 들지 않는 으슥한 곳에서/몰래 핀 외로운 꽃 한 송이"의 나리꽃(「나리꽃」), "보이는 것들이 들리고/들리는 것들이 보이는 새 날"을 맞이하여 "생명의 아침을" 열어가는 참나리와 코스모스(「카오스와 코스모스」), "낙엽 지고 휑하게 바람 든 숲/소슬바람 잠시 숨 고르는 틈"에 피어난 개나리꽃과 진달래(「사랑꽃」), "지천으로 물드는 단풍에도/기죽지 않고 당차게 피는 꽃"으로 재정의한 꽃향유(「꽃향유」), 벌초할 때 "향기 흩날"린다는 구절초(「벌초」), "천리 밖까지 퍼져/극락으로 유혹한다는 향기"의 천리향과 옥잠화(「천리향」), "누군가의 배고픔을 채워주고/따뜻한 봄날에는 새싹으로 돋아/숲을 더욱 울창하게 되돌려 준다"는 도토리(「다람쥐의 건망증」), "언제나 길의 주인"인 나무들(「도깨비들의 착각」), "질세라/움트는 연둣빛 꿈들이/가지마다 부풀어 허공을 채우"는 생강나무(「봄이 오는 계곡」)와 "인적 드문 외딴 산길에/홀로 핀" 생강나무(「그렇게 봄날은 간다」), "아가 손 같은" 고구마 순(「게으름」), "겨울잠 자는" 참나무(「입춘 추위」), "봄이 익어 가는/고요한 들녘에서/따사로운 시간에 묻혀" 있는 쑥(「쑥」), "윤사월 해 긴 날" 떨어지는 버찌와 "감파랗게 살 오르는" 서리태 콩잎(「윤사월」), '꽃 대신 붉게 피어나는' 산딸기(「7월」), "아낙의 앙가슴 골에" 불볕 땀을 흐르게 하는 고추(「처서」), "좋아하는 시집 책갈피에 끼워/숙성"되는 나뭇잎(「가을에는」), "문 밖 나서면" 가득하다는 감자·콩·질경이·망초대·명아주(「엄마의 연기」), '하늘에서 떨어지면서 벙그레 웃는' 밤송이와 '타작마당에서 키가 자라는' 낟가리, "신작로 길가 아름드리"의 노송(「성황당」), '6월이면 내음 진동하는' 밤꽃과 "씨까지 오도독 깨물면/입안 가득" 향이 퍼지는 버찌와 벚나무(「버찌」), "꽃샘바람 맞고 피어나는" 바람꽃(「바람꽃」)이자 도둑눈처럼 "골래 와서/가슴 뛰게 했던/젊은 날"의 바람꽃(「도둑눈」), 호랑이보다 무섭다는 곶감이었는데, "곶감보다 더 무서운/층간 소음"이 된 현실을 드러낸 곶감(「아파트 아이들」), "푸른 숨소리" 내는 남새(「밤의 수묵화」), "학교가 훤히 내려다보이는/산비탈"에 까치집을 품고 있는 참나무 우듬지(「작모삼천지교(鵲母三遷之敎)」), "삶과 죽음의 시공(時空)/무겁게 뒤덮은 덤불 숲"과 묘지가 살아나도록 "진한 향기 흩뿌리는" 구절초(「묘지가 살아났다」), '칼바람 불어오는 한겨울에도/텅 빈 가지에 매달려/서로 부둥켜안고" 있는 산수유이자 김종길 시인의 시를 떠올리는 산수유(「경자년 끝에 서서」), "흘린 눈물 감추며 기꺼이/둘레길 버팀목"이 되어

준 계단목(「계단목」), "땀 흘리며 아침 산 오르는/아내와 나도 함께 익어"가는 팥배나무 숲길(「함께」), "추억이 짙게 물든/그대의 향기와 순결"의 아카시아꽃(「아카시아꽃」), "골골대는 울타리"의 장미꽃(「팬데믹」)에 이르기까지 식물의 질료를 다양하게 섞어냈다.

> 창공을 가르는 굉음 소리
> 아득히 멀어지더니
> 뱃심 잃어 가는 매미 소리
> 그제야 숲에서 들려 옵니다
> 제법 선선해진 아침이 아까워
> 풀 깎는 농부의 예초기 소리에 갇혀
> 해가 중천으로 가는 줄도 모르고
> 빨간 고추 따는 아낙의 앙가슴 골에는
> 불볕 땀이 비 오듯 흐릅니다
>
> ―「처서(處暑)」 전문

처서의 뜨거운 날을 "아낙의 앙가슴 골"과 "불볕 땀"을 통해 뜨겁게 만든 감각적인 작품이다. '두 젖 사이의 가운데'를 의미하는 앙가슴 골은 고추밭의 밭고랑을 의미하면서도 "불볕 땀"과 만나 육감적인 묘미를 자아낸다. "빨간 고추"라는 색상과 "해가 중천"이라는 뜨거운 시간이 만나 노동하는 아낙의 건강한 신체에 대한 육감을 자극한다. 감각적 어휘, 묘사적 측면, 이야기 구성, 처서의 시적 형상화 등 모두 요소가 잘 버무려졌다. 이 많은 요소들을 불과 9행만으로 처리했으니, 시적 장르의 가장 중요한 요소라 불리는 언어의 함축성을 완벽하게 살려낸 수작으로 꼽을 만하다. 스토리텔링 측면에서도 시적 완결성이 높을 뿐만 아니라 감출 건 다 감춘 언어미학 측면에서도 완성도가 높다.

김태범 시인의 언어 감각은 시편 여러 곳에서 드러난다. "땀내 젖은 열대야 매미 소리"(「가을 오는 날」)의 공감각적 표현도 그렇고, "집 안에 집을 짓는다/방 안에 방을 만든다"(「철부지 놀이」)의 리듬에서도 언어미학이 돋보인다. "옛날이 텅 빈 마을"(「성황당」)이라거나 "봄은 슬프게 익는다"(「슬픈 성숙」) 역시 일상 언어의 파격을 통해 시적 언어미학을 성취했다. 이 시집을 통해 식물이 환기하는 추억의 시간, 생태주의적 시선, 그리고 시를 읽는 재미와 행간에서 "불볕 땀"을 뿜어 내는 상상력을 독자들도 함께 맛보길 기대한다.

순수시선 642

도깨비들의 착각

김태범 지음

2022. 4. 25. 초판
2022. 4. 30. 발행

발행처 순수문학사
출판주간 朴永河
등록제2-1572호

서울 중구 퇴계로48길 11 협성BD 202호
TEL (02) 2277-6637~8
FAX (02) 2279-7995
E-mail ; seonsookr@hanmail.net

저자와의 합의하에 인지를 생략함
잘못된 책은 바꾸어 드립니다

ISBN 979-11-91153-25-5

가격 10,000원